Date:

Date:

Date:

Date:

Date:

Date:

Date:

Date:

Date:

Date:

Date:

Date:

Date:

Date:

Date:

Date:

Date:

Date:

Date:

Date:

Date:

Date:

Date:

Date:

Date:

Date:

Date:

Date:

Date:

Date:

Date:

Date:

Date:

Date:

Date:

Date:

Date:

Date:

Date:

Date:

Date:

Date:

Date:

Date:

Date:

Date:

Date:

Date:

Date:

Date:

Date:

Date:

Date:

Date:

Date:

Date:

Date:

Date:

Date:

Date:

Date:

Date:

Date:

Date:

Date:

Date:

Date:

Date:

Date:

Date:

Date:

Date:

Date:

Date:

Date:

Date:

Date:

Date:

Date:

Date:

Date:

Date:

Date:

Date:

Date:

Date:

Date:

Date:

Date:

Date:

Date:

Date:

Date:

Date:

Date:

Date:

Date:

Date:

Date: